Klaus P. Fischer

VON TOD UND LEBEN

Aktuelle Aspekte des Theodizee-Problems

Impressum

VON TOD UND LEBEN

Aktuelle Aspekte des Theodizee-Problems

von Klaus P. Fischer

Herausgeber: Hans-Jürgen Sträter, Adlerstein Verlag

Ausgabe vom 1. Juni 2022

ISBN: 9783756233335

Herstellung und Verlag: BoD - Books on Demand, Norderstedt

Viele Menschen können sich schwer abfinden mit der vielfach zu beobachtenden Mitleidlosigkeit, ja Grausamkeit, die in der Welt anzutreffen ist, mit Tod und Tötung, die sie mit einem gütigen Gott kaum vereinbaren können.

Da vergisst man leicht, dass der Tod im NT ein Hauptthema ist. Der Apostel Paulus spricht viel von ihm: der Tod sei der "letzte Feind, der entmachtet wird" (1Kor 15,26). Die gesamte Bibel erklärt den bitteren Tod der Menschen mit deren "Sünde", d.h. damit, dass sie Gottes Lebensangebot nicht erkennen. Die Frohe Botschaft gipfelt nach allen Evangelien in Jesu Ankündigung an die Jünger, er werde getötet werden, und sie endet in Jesu schrecklicher Leidens- und Sterbe-Geschichte.

Die Macht des Todes, ja das "Gesetz des Todes" (Röm 8,2) ist Paulus und seinen Gemeinden tief bewusst. Der Apostel wie auch die Evangelisten erläutern ihre Frohe Botschaft gerade vor dem Hintergrund des Todes. Für sie alle ist der Tod "der letzte Feind". Man soll die Frohe Botschaft verstehen geradezu als Abrechnung mit dem Tod.

Doch erspart diese Frohe Botschaft das Sterben, den physischen Tod nicht: weder Jesus noch denen, die durch ihn an Gott glauben.

Eben diese Tatsache bringt moderne Menschen auf. Sie haben die Mentalität von "Machern" erworben: "Unmögliches wird sofort erledigt, Wunder dauern etwas länger" - ironisch überspitzt und doch ernst gemeint: Ein sich als Transhumanismus bezeichnender Forschungszweig will Mittel und Wege finden, den Tod als letzte, nicht überwundene Krankheit auszurotten.

Diese Einstellung fragt: Hätte Gott, wenn er ein wirklicher "Könner" wäre, den Tod nicht wegnehmen, überwinden, ja aus der Schöpfung aussparen können, ja müssen?

Fragen wir einmal unsere Lebenserfahrung.

Für Kinder und Jugendliche ist alles neu, spannend, aufregend, die Welt ein Abenteuer und das Leben ein sich fortsetzendes Experiment.

Kommt ein Mensch in das gesetzte Alter, hat er das Gefühl, durchzublicken, das Leben zu kennen.

Die immer noch auftretenden Überraschungen, die das Leben bereithält, können ihn noch immer erfreuen, aber auch stören. Das aufregende Leben regt ihn allmählich auf. Das Leben soll ruhig fließen, soweit man sehen kann, "vor Überraschungen sicher" sein. Man ist ja kein Kind mehr.

Das Erreichte, aber auch das wohltuend Neue, das noch kommt, fühlt sich ungeahnt kostbar an: es ist, könnte aber auch nicht sein, ist glückhaft, aber nicht notwendig, kostbar, weil endlich, vergänglich, daher geschenkt.

Menschen lernen den wahren Wert des Erreichten, ihnen Geschenkten erst schätzen, wenn sie verstehen, dass alles, wie sie selbst, vergänglich ist. Etwas ist ihnen wertvoll, also voller Wert, weil es Wertloses gibt, Dinge, die ihren Wert verlieren, weil jeder Wert vergänglich, das heißt: dem Tod ausgesetzt ist.

Nicht zuletzt wird der Wert eines Menschen von Zeitgenossen häufig erst ganz erfasst, wenn er todkrank wird, stirbt oder gestorben ist.

Ohne den Tod als Aussicht und Realität hätte man eine Persönlichkeit und ihren Wert gar nicht kennen, nicht schätzen gelernt. "Er fehlt", sagen die Trauernden von einem Menschen und spüren jetzt erst seinen vollen, *einmaligen* Wert.

Mit anderen Worten: Unsere Welt ist so schön, wie sie ist, *weil sie vergänglich ist*!

Sie ist aber auch betrüblich, stimmt traurig, weil der Tod ihr Gesetz ist und den *Survival of the fittest* selektiert.

Die Evolutionswissenschaft macht uns heute freilich klar, dass Werden und Vergehen, dass dieses Tausch-Grundgesetz der Evolution überall im Kosmos gilt, sodass es auf dieser Erde die Lebewesen, schließlich die Menschen erst möglich macht und hervorbringt.

Der Schöpfer wird Christen heute als ein *evolutiv schaffender* Gott verständlich gemacht: eine gewöhnungsbedürftige Sicht.

Als solcher lässt er an den "verborgenen Gott" denken, wie *Martin Luther* den von uns quasi abgewandten Schöpfer des Weltalls nennt.

Machen wir uns hier etwas klar, das grundsätzlich für die gesamte Schöpfung gilt.

Das den Geschöpfen mitgeteilte Sein, ihre Realität, ist *notwendig endlich*: es *ist*, doch verzehrt es sich und endet.

Hinzu kommt der *evolutive* Aspekt: *im Kosmos* – für uns anschaulich auf dem Planeten Erde – wurde und wird *Sich Entwickelndes*, auch immer wieder *Neues* erkennbar: dieses entsteht jeweils aus Bausteinen einer früheren Form, beginnend mit dem Aufbau der Elemente in Sternen; deren Tod durch Ausbrennen liefert die Bausteine für neue Sterne, für Planeten, schließlich für Formen des Lebens.

Die Entwicklung treibt allmählich komplexere Formen bis zu den Lebewesen hervor, ein Prozess der "complexification" auf der Erde, im Weltall, den schon der berühmte Paläontologe *Teilhard de Chardin* sichtete (ob der Prozess final zu einer "christification" der Erde, gar des Universums führt, wie *Teilhard* glaubt, sei offen gelassen).

7

Bereits der frühgriechische Denker *Anaximandros* erkannte intuitiv: von allen Dingen entstehen die einen aus den anderen und lösen sich schließlich wieder auf in die anderen: so leisten sie "Buße" für das einander angetane Unrecht (dass sie nämlich einander das Sein, das Leben rauben, um selber entstehen oder sein zu können.

Der *evolutive* Kosmos in seiner *eigenständigen* Dynamik und Wirkkraft geht mit *naturgesetzlicher Notwendigkeit* seinen Gang: *zerstört, um wieder Neues aufzubauen,* das es vorher nicht gab, das nicht sein konnte.

Man findet es erschreckend zu sehen, wie die Tierwelt, auch Menschen unaufhörlich von fremdem Leben, von anderen Lebewesen zehren, die ihr Leben lassen müssen, damit stärkere oder höher entwickelte Lebewesen (wie auch wir Menschen) weiter leben, länger leben.

Dass Lebewesen leiden (freilich *zeitlich begrenzt* leiden), auch aneinander leiden, ist gar nicht vermeidbar, weil die Gesamt-Energie der Erde (wie auch die des Kosmos) jederzeit begrenzt ist. Wir alle leben unvermeidlich auch vom Leben und vom Leiden anderer, auch von deren Tod (unbemerkt auch vom Tod zahlloser Kleinst-Lebewesen).

Jedes Lebewesen ist unvermeidlich auch Energie-Träger und Lieferant von Leben. Alle und alles leben und existieren von einander, aus anderer Lebenskraft.

Hier stoßen wir auf eine naturgesetzliche, ja geschöpfliche Notwendigkeit vor der Endlichkeit des Kosmos, zumal unseres Lebensraumes.

Dies gilt, um ein aktuelles Problem zu berühren, auch für Dasein und Wirken von Viren, die Erkrankung und Tod bei befallenen Menschen hervorrufen können. Die Ansprüche der Menschen auf ein ruhiges, sorgenfreies Leben werden vom Schöpfer nicht erhört – um der Schöpfung willen. Das Auftreten bedrohlicher Viren ist kein Betriebsunfall in der Schöpfung, es ereignet sich vielmehr im Rahmen der sich unaufhörlich entwickelnden Lebenswelt der Erde. Auch wenn der Mensch sie nicht vorsieht, entstehen und verbreiten sich Viren im Rahmen der Vorsehung des Schöpfers, dessen Schöpfung samt aller Geschöpfe nicht stillsteht, sondern sich unaufhörlich entwickelt und auszeitigt.

Die Vorsehung wirkt sich vor allem aus als Entwicklung, darin aber auch im Spiel der Möglichkeiten einschließlich der Zufälle.

Krank machende Viren mögen als Störung empfunden werden, tragen aber vermutlich eher nach Art von *puzzles* zum Aufbau eines neuen Zustandes oder einer neuen Lebensform der Schöpfung bei, bringen, vielleicht indirekt, die Schöpfung einen Schritt weiter. Das sogenannte Negative ist ja erfahrungsgemäß fast stets Aspekt eines Positiven, das unterwegs ist.

In der sich entwickelnden Schöpfung ist der Tod nichts bloß Negatives, sondern quasi das Haus der Evolution. In ihr aber prägt sich des Schöpfers *kreatives Prinzip* aus.

Dass Menschen *mehr* sind als Test-Produkte der Evolution, sagt uns die Frohe Botschaft. Sie bindet diese Botschaft indes an die Einhaltung von Normen, die nicht bloß Barrieren sind, sondern Leben erhaltende, zu Leben führende Wege..

Gottes Vorsehung lehrt Menschen seit jeher, diese Gesetze als Lebensgesetze zu erkennen und anzuwenden

(Gen 2,17; Apg 2,28; Dtn 30,15-20), achtet aber auch die freie Entscheidung samt Konsequenzen. Die Schöpfung ist nicht als Laufstall angelegt, vielmehr als Unternehmen und Abenteuer für mündige (*Immanuel Kant*), problembewusste Mitarbeiter (Gen 1,26-30).

Dabei erkennt sich die Menschheit mehr und mehr auch als Schicksalsgemeinschaft. Die Ordnung der Natur gilt für alle, nicht für einzelne. Naturkatastrophen sind heute indirekt oft *Menschen*werk, seltener Folgen aus der sich gesetzmäßig bewegenden und entwickelnden Schöpfung selbst.

Auf den ersten Blick mag es schockieren, wenn wir darauf hinweisen, dass auch die Ethik, die Realisierung ethischer Normen nicht zuletzt vom Energie-Haushalt abhängt. Die zynisch klingende Rede "Wie viel Moral können wir uns leisten?" kommt nicht von ungefähr. Ihr Einsatz wird wohl im konkreten Fall häufig stillschweigend berechnet. Manche elitär denkende Zeitgenossen rümpfen die Nase über die "Lohnmoral" des Christentums. Realistisch gesehen ist der Mensch arm an Kraft und Energie (bloß "Fleisch", wie die Bibel sagt).

Die Verheißung ewigen Lebens (Mt 25,31-40) versteht sich in diesem Weltall als realistischer Ausgleich für das Teilen endlicher Güter mit Ärmeren und Armen.

Ein Philosoph dieser Zeit (*Holm Tetens*) vertritt zusätzlich die Auffassung, der Schöpfer, weil er will, dass seine Schöpfung "gut" werde, setze mit dem individuellen Tod jedes Menschen absichtlich eine Zäsur, um dem Bösen individuell und allgemein Einhalt zu gebieten: zur Rettung der Welt wie auch der einzelnen Person.

Die Alternative aber zu diesem endlichen Universum - ein *un*begrenztes, *un*endliches Universum – heißt Gott, wäre bzw. ist Gott..

Wenden wir uns nach diesen Gedanken über die evolutiv geprägte Schöpfung den Folgerungen für den Glauben an Gott zu.

Martin Luther beschäftigt die Frage nach Gott sein Leben lang. Im Gespräch mit *Erasmus von Rotterdam* über den freien Willen entwickelt er seine Gedanken vom *Deus absconditus*, vom "verborgenen Gott".

Weniger philosophische Überlegungen als *biblische* Aussagen (v.a. Ez 18,23.32; 33,10ff., sowie Ex 20,6; Mt 11,28 u.a.) wurden ihm zu Erkenntnisquellen. Sie sagen ihm: Gott will nicht den Tod des Sünders, aber er lässt ihn zu (oder: lässt den Tod ´laufen`), wenn der Sünder Gottes Lebensangebot nicht will: dann lässt Er ihn sterben, überlässt ihn dem Tod (das kann, je nachdem, der *zeitliche* oder der *ewige* Tod sein).

Man müsse aber, meint *Luther*, den verkündeten (oder "gepredigten") Gott von dem "in seiner Majestät verborgenen" Gott unterscheiden. Nur der verkündete Gott gehe die Christen an. Der *in seiner Majestät verborgene* Gott "wirkt Leben, Tod und alles in allem. Denn da hat er sich nicht durch sein Wort in Grenzen eingeschlossen, sondern hat die Freiheit seiner selbst über alles behalten". Heißt: "der in seiner Majestät verborgene Gott beklagt weder den Tod, noch hebt er ihn auf".

Luther spricht hier offenkundig *unterscheidend* vom *Schöpfer* bzw. von Gott, insofern wir ihn als *Schöpfer* erfassen und erleben.

13

Gott zeigt ein anderes, menschenfreundliches Gesicht, wo er sich Menschen heilend zuwendet

Der Schöpfer in der Bibel (vgl. Gen 1+2) trägt schon die Züge des Bundesgottes JHWH Elohim, Israel und den Völkern zugewandt.

Doch in Röm 1,19-21 handelt *Paulus* offenkundig nur vom *Schöpfer*-Gott, der schon vor seiner offenbarenden Selbstmitteilung allen Menschen *aus seinen Werken erkennbar* sei. Die Begegnung mit der antiken Philosophie hatte damalige Juden überzeugt, dass auch "die Heiden" zur Erkenntnis des einzigen Gottes gekommen waren, in ihrer oft unsittlichen Lebenspraxis jedoch nach wie vor der Vielgötterei huldigten (so die Bilanz der Paulus-Forscher *Theißen - von Gemünden*).

Aber die Unterscheidung zwischen *Gott Schöpfer* und *Gott des Heils* führt nicht zwei Götter ein, sondern macht aufmerksam auf Gottes *Freiheit*, sich Israel, dann den Völkern heilend-rettend in einem besonderen Entschluss, einem *Heils*-Beschluss zuzuwenden.

Deshalb haben wir es seit der biblischen Gottes-offenbarung mit einer *zweifachen,* unterschiedlichen Gottes-*Erkenntnis* zu tun.

Ein gründlicher Denker wie *Thomas von Aquin* (obwohl ohne Kenntnis neuzeitlicher Naturwissenschaft) anerkennt in seiner *Summa contra gentiles* ausdrücklich: *notwendiges* Geschehen ohne menschliche Eingriffsmöglichkeit - zB Vergehen, Leiden, Tod, Zerstörung des alten *für* neues, vielfältiges Leben – ist Teilaspekt der *Schöpfung,* widerspricht nicht der Güte der Schöpfung, vielmehr bildet es etwas von Gott selber ab: den *unbedingten Willen zum Leben,* der das Universum durchzieht. In seiner Schöpfung von kosmischem Ausmaß handelt Gott seit je aus seinem Willen zum Wunder des Lebens – über die Köpfe der Geschöpfe hinweg.

Schöpfung *nicht*-göttlicher Dinge und Wesen ist notwendig *endlich,* enthält *unvermeidlich* den *Tod.* Des Schöpfers unbedingter Wille zum Leben *zeigt sich* darin, dass er den Tod, das Ende der einen zum Gehäuse für neues Leben, neue Formen *werden lässt.*

Thomas hebt den besonderen *Schöpfer*-Aspekt des biblischen Gottes heraus, wo *Luther* nur andeutend, aber bibelnäher (siehe *Hiob* und die *Propheten*) vom *verborgenen* Gott redet.

Die naturgesetzliche Notwendigkeit, deren majestätische (aber schon zur *Vergangenheit* gehörende) Vielfalt und Lichterglanz wir im Kosmos *heute* schauen (deren Licht Tausende, ja Millionen Jahre zu uns unterwegs war), lässt, wo wir dahinter den Schöpfer erkennen, ihn uns *furchtbar groß* erscheinen und *todernst nehmen*. Kein Wunder, dass manche den *Zufall* als Schöpfer bemühen.

Ist man aber heute auch nur ein wenig mit den Gesetzen von Materie und Evolution vertraut, sind Fragen wie "Hätte Gott nicht ein friedliches, ein liebevolles Universum schaffen können?", "Hätte er uns Menschen nicht das Sterbenmüssen ersparen können?" u.ä. im Grunde nur so beantwortbar: Gott hätte es gekonnt, wenn er auf seine notwendigerweise endliche Schöpfung ganz verzichtet hätte - *un*endliches Leben ist nur Er selbst -, unterlassen hätte also auch die Erschaffung von Menschen.

Hätte er ein besseres Universum erschaffen können? Für solche Art neuzeitliches Fragen fehlt der Vergleich: Wir kennen nur dieses Universum, können ein "besseres" nicht einmal ansatzweise vorstellen (es sei denn als Schlaraffenland und ewigen Urlaub in endloser Langeweile, da nichts mehr ´passiert`).

Leiden und Tod gehören wesentlich zu diesem Universum. Fehlten Leiden und Tod, hätte es gar nicht entstehen können und würde es uns Menschen nicht geben (Fazit aus den Gesetzen und Notwendigkeiten der Evolution). Dass auf einem Planeten wie der Erde die Lebewesen zugleich Jäger und Gejagte (Beute) sind, kennzeichnet den begrenzten Vorrat an Sein und Leben, wie er das endliche Weltall ermöglicht *und* begrenzt.

Statt zu spekulieren, ob Gott (wie jüdischer Chassidismus meint) zur Ermöglichung seiner Schöpfung sich selbst begrenzt ("Zimzum"), d.h. auf Freiheit verzichtet, sollten sich unsere Augen auf die verschwenderische Liebe zum Sein und zum Leben richten, wie sie auf der Erde wie im Kosmos sichtbar und spürbar wird, mit dem offensichtlich wirksamen Wunsch, so viele Wesen wie möglich mit Dasein und Leben zu begnaden, freilich um den Preis der Vergänglichkeit, wie es Geschöpfen naturgemäß nicht anders ansteht.

Der *biblische* Gott macht sich gerade auch als *Schöpfer dieses* Universums indirekt kenntlich, wo der "Sohn" sein "Fleisch" zu essen anbietet "für das Leben der Welt" (Joh 6,51-58).

Früh erkannten die Christen die *himmlische* Herkunft dieses Jesus: "Das Gott-gleich-sein presste er nicht als (seine) Beute an sich" (Phil 2,6).

In und durch seinen "Sohn" liefert der "Vater" seine eigene Theodizee (Sinn und Überwindung des Leidens) gleich mit. Im "Sohn" zeigt der Schöpfer des Kosmos sein wahres, menschenfreundliches Gesicht. Mit diesem Angebot – dem "Sohn" – sind Leiden und Tod, als Gesetze dieser Welt, gleichsam heiliggesprochen.

Verheißungen wie die von einem "neuen Himmel", einer "neuen Erde" übersteigen jede konkrete Vorstellung, fußen allein auf der Erfahrung des "auferweckten" (also lebendigen) Christus.

Positiv beruft sich die Verheißung von "neuem Himmel, neuer Erde" darauf, dass Gott als unvergängliche Mitte der Menschen in Erscheinung tritt (vgl. Apk 21,1-8).

In einem späten Aufsatz "Fragen zur Unbegreiflichkeit Gottes nach Thomas von Aquin" (Schriften zur Theologie XII) macht *Karl Rahner* deutlich: Gottes Unbegreiflichkeit meint nichts Negatives, sondern geradezu die Essenz der ewigen Seligkeit (der seligmachenden Schau).

Die ungeheuerliche Großartigkeit des Kosmos und seine letzte *Unbegreiflichkeit* kulminieren quasi in der Epiphanie des Jesus Christus.

Daher sei es der Höhepunkt unseres individuellen Sterbens (betont *Rahner* mehrfach), *sich in Gottes Unbegreiflichkeit fallen zu lassen,* von der ein basales Vor-Verständnis, wenigstens eine Ahnung uns in Jesus Christus geschenkt wird.

Damit haben Erwachsene große Schwierigkeiten, im Unterschied zu einem Kind, das sich der Unverständlichkeit der Welt unbefangen und arglos nähert.

Darum stellt Jesus den Jüngern ein Kind als Vorbild vor Augen (vgl. Mt 18).

Schmerzliche Erfahrungen haben Erwachsene misstrauisch gemacht.

Ein Kind durchschaut die ihm weithin unbekannte Welt nicht, in die es gestellt ist, öffnet sich aber dem Leben arglos und lässt es an sich geschehen, wo immer es bei seiner Ankunft die Welt freundlich erlebte.

In ähnlicher Weise ist der Erwachsene gerufen, dem Dunkel der letztlich unbegreiflichen Welt, dem in ihr verhüllten Gott sich in Leben und Sterben zu öffnen. Sich in den unbegreiflich wunderbaren Gott wie ein Kind trauend und treu fallen zu lassen. Ist nicht auch ihm – durch alle Leiden hindurch – das "Gott-Geheimnis der Welt" (*Erich Przywara*) freundlich begegnet?

Das Gesetz des Lebens und Liebens, das – hier andeutend, dort ausgeprägt – die Entwicklung des Kosmos auf allen Stufen durchzieht: Pro-Existenz, Miteinander-Teilen, Brot füreinander, Brot für die Welt,

Hin-Gabe, Hilfe zum Sein und zum Leben, Beistand für Ärmere und Jüngere:

In diesem Lebens- und Liebesgesetz der Welt offenbart sich ein Wesenszug Gottes. Wir durchschauen ihn nicht, doch verspüren wir seine Dynamik und Anziehungskraft. Seine Unangreifbarkeit seitens Vergänglichkeit und Tod, ja seine Überlegenheit über die kosmischen Mächte schauen die Jünger in dem Gekreuzigten, dessen tödliche Wunden zu seinen Siegeszeichen werden.

Zum Autor

Klaus P. Fischer, geb. 1941 in Stuttgart, studierte Klassische Philologie, Philosophie und Theologie in Tübingen, Innsbruck, Paris und Frankfurt/M. Theologische Promotion am Institut Catholique de Paris bei Henri Bouillard SJ über die Anthropologie Karl Rahners ("Der Mensch als Geheimnis"). Mitglied des Oratoriums des hl. Philipp Neri in Heidelberg.

Langjährige Tätigkeit in Pastoral, Religionspädagogik, Klinik-Seelsorge, Erwachsenenbildung, Kirchl. Rundfunkarbeit u.a.m. Diverse Veröffentlichungen zu Themen des Glaubens und christlicher Welt-Anschauung, wie *Gott und Teufel, Gott und Schicksal, Schöpfung - Naturwissenschaft, Tod und Auferstehung, Eucharistie und Abendmahl, Mensch – Gott – Kirche, u.a.m.* Lehrbeauftragter für Katholische Theologie an der Evangelisch-Theologischen Fakultät der Universität Heidelberg.

Wer glaubt, lebt aus dem Geheimnis

von Klaus P. Fischer

Hardcover, 160 Seiten, ISBN: 9783751920438, € 19,90

Der Traditionsbegriff "Christliches Abendland" ist dem Bewusstsein weiter Kreise abhanden gekommen. Viele empfinden dieses Erbe wie einen schlechten Traum. Heute favorisiert man die pluralistische oder "offene" Gesellschaft. Wer sich allerdings öffentlich zum christlichen Glauben bekennt, riskiert das Etikett "Traditionalist". Wenn jedoch aus einer Kathedrale wie Notre Dame de Paris Flammen schlagen, erschrecken viele Zeitgenossen abgrundtief – als spürten sie, dass mit ihr ein geistig-geistliches Erbe droht verlorenzugehen.

Gott als Geheimnis des Menschen
Annäherungen an Karl Rahner

von Siegfried Hübner / Klaus P. Fischer

Hardcover, 280 Seiten, ISBN: 9783755701231, € 29,90

Leserinnen und Leser, die sich heute – ca. 40 Jahre nach Karl Rahners Tod – um das Verständnis seiner Theologie bemühen und von ihr lernen wollen, werden wohl mit Interesse einige Studien (im Laufe von Jahrzehnten sehr verstreut veröffentlicht und heute schwer greifbar) aufnehmen, die zwei Schüler aus Rahners Innsbrucker Lehr-Zeit über zentrale Aspekte seiner Theologie in einem Band gesammelt vorlegen. Die Texte werden – mit geringfügigen Ausnahmen – mitsamt Anmerkungen unverändert und ungekürzt dargeboten. So tragen sie den Stempel ihrer Erscheinungszeit innerhalb der Zeit der Kirche und der eigenen Biographie. Jene zwei Aufsätze, die zu seinen Lebzeiten erschienen, hat Karl Rahner selbst noch zur Kenntnis genommen.

Die Beiträge 3, 5, 8 und 10 stammen von Siegfried Hübner, die übrigen von Klaus P. Fischer.

DER MENSCH VOR DEM DUNKLEN GOTT
TOD UND AUFERSTEHUNG DES GLAUBENS

von Klaus P. Fischer

92 Seiten, ISBN: 9783754352922, € 12,90

Dass es noch Menschen gibt, die an Gott glauben, ist für viele Leute ein Rätsel. Die Härte und Gleichgültigkeit der Welt, erschreckende Schicksalsschläge verdunkeln das Gottesbild. Nicht selten aber gestehen selbst Prominente ein, sie würden gern glauben, könnten es aber nicht. Vielen fehlt der Zugang zum Gott der Bibel. Die vorliegende Schrift möchte nachdenklichen Lesern einen Zugang eröffnen.

Selbstfindung durch Glauben

Christsein als Alternative

von Klaus P. Fischer

220 Seiten, ISBN: 9783945462119, € 14,90

Christlicher Glaube weiß und ringt um das "Gotteswort im Menschenwort". Jeder Zeit ist das Bemühen aufgegeben, mit ehrfürchtigem Tastsinn das lebendige Gotteswort unterscheiden zu lernen von erstarrten Formen vergänglichen Meinens, Deutens und Denkens. Das wird in diesen kurzen Überlegungen versucht. Vielleicht sind sie eine kleine Hilfe für den Auftrag an Christen, allezeit bereit zu sein zur Rechenschaft über die Hoffnung, die in ihnen lebt. (1Petr 3,15)

Schöpfungsglaube im evolutiven Weltbild

Das biblische Zeugnis vor der modernen Kritik

von Klaus P. Fischer

Paperback, 120 Seiten, ISBN: 9783735787248, € 9,90

In der Öffentlichkeit herrscht der Eindruck vor, die Evolutionstheorie mache den Schöpfer-Gott überflüssig: Hat sich der Kosmos, die Erde, das Leben aus kleinsten Anfängen gesetzmäßig entwickelt, bedürfe es keines Schöpfers – der sich gesetzmäßig seit „Ewigkeiten" entwickelnde Weltstoff übernehme ja die Funktionen des alten Schöpfers. Die Schöpfungserzählungen der Bibel werden als vorwissenschaftliche Hypothesen beiseite gelegt. Es könnte aber sein, dass der biblische Text Einsichten enthält und eine Weisheit bewahrt, die jenen verborgen ist, die sich der Welt bloß analysierend, messend, rechnend nähern. Das vorliegende kleine Werk will zeigen, dass man sich buchstäblich einer Ur-Kunde beraubt, wo man das evolutive Weltbild zur allein gültigen Offenbarung macht.

Zufall oder Fügung?
Von der Begegnung mit dem Unberechenbaren

von Klaus P. Fischer

Paperback, 80 Seiten, ISBN: 9783981419535, € 7,90

Die hier vorgelegten Überlegungen zu der Frage „Zufall oder Fügung?" möchten eine Denkhilfe sein, ein Denkanstoß. Sie berühren eine Frage, die von vielen nachdenklichen Menschen empfunden, aber selten artikuliert wird – wohl deshalb, weil ihre Formulierung Verlegenheit auslöst – etwa bei Rückfragen nach Beweisen – und nicht selten den Spott der Selbstsicheren und Pragmatiker hervorruft. Es erfordert also Mut, sich dieser Frage zu stellen und sich auf die Suche nach Klärung zu begeben. Dabei ist zu entdecken, dass der Mensch nicht nur aus und mit Hilfe von beweisbarem Wissen lebt, sondern auch – sogar tiefer – aus dem "Gefühl", aus Ahnung und Intuition, aus jenem „feinen Sinn", der – nach Pascal – das Erkenntnisorgan des Herzens ist.

Das Herz hat bekanntlich Gründe (raisons), die der Verstand (la raison) nicht kennt – „das erfährt man in tausend Dingen". Es gilt auch von der Erfahrung der Gegenwart und heilsamen „Fügung" Gottes an Kreuzungen der Lebensstraßen. Denn – so wieder Pascal – „Gott ist für das Herz erspürbar, nicht für den Verstand" – und darin bestehe der Glaube (Gedanken fr. 278).

Karl Rahner
Kirchenlehrer der Postmoderne

von Rudolf Hubert

Paperback, 52 Seiten, ISBN: 9783754349281, € 5,00

Wir sollten Ausschau halten nach den christlichen Heiden, d. h. nach den Menschen, die Gott nahe sind, ohne dass sie es wissen, denen aber das Licht verdeckt ist durch den Schatten, den wir werfen. Vom Aufgang und Niedergang ziehen Menschen ins Gottesreich auf Straßen, die in keiner amtlichen Karte verzeichnet sind. Wenn wir ihnen begegnen, sollten sie an uns merken können, dass die amtlichen Wege, auf denen wir ziehen, die sicheren und kürzeren sind.

Freude am Wagnis des Glaubens

von Rudolf Hubert

Paperback, 48 Seiten, ISBN: 9783754357132, € 5,00

In unser heutigen Gott-fernen Zeit ist der Glaube an die Frohe Botschaft, an das Evangelium, eine besonders große Herausforderung, ein Wagnis der besonderen Art. Doch dieses Wagnis soll doch auch zur Freude dienen. In diesem Buch werden zu diesem Thema Theologen wie Karl Rahner und andere hörbar.

Das Geheimnis lasst uns künden
Glaubensgespräch heute oder Öffnung des Herzens an
verhülltem Tag

von Rudolf Hubert

Paperback, 56 Seiten, ISBN: 9783754351468, € 5,00

Wo ist eigentlich die Antwort auf Reinhold Schneiders existentielle Anfragen zu finden, für die Winter in Wien nur exemplarisch steht? Je mehr ich mich in diese Frage vertiefe, desto bedeutsamer wird der 1958, im Alter von nicht einmal 55 Jahren verstorbene Reinhold Schneider mir. Anhand der Überlegungen zu geschichtsmächtigen Personen wie Friedrich Schiller oder dem alttestamentlichen Propheten Jeremia in Pfeiler im Strom spüre ich: Hier thematisiert Schneider eigentlich meine Fragen. Und sicherlich nicht nur meine! Er wird gewissermaßen zum Stichwortgeber, der mir in zweifacher Hinsicht hilfreich ist: Bei Reinhold Schneider fühle ich jene Fragen in einer Tiefe an, und ausgesprochen, wie es heute offensichtlich nicht mehr allzu häufig geschieht.

Aggiornamento

Ansichten zum Glauben im Heute

von Rudolf Hubert

Paperback, 64 Seiten, ISBN: 9783754351154, € 5,00

Der kirchlichen Verkündigung kommt, um des Menschen willen! gerade heute schon deshalb eine unverzichtbare Aufgabe zu! Die Frage nach dem Menschen offen zu halten und jeglicher Verkürzung zu wehren, deutlich und vernehmbar zu machen: Die entscheidende Dimension des Menschen ist die zu Gott selbst. Sie ist seine tiefste, von Gott, dem unendlich liebenden Geheimnis, eröffnete Möglichkeit. Und damit wird auch ersichtlich, dass die Liebe Gottes nicht nur unendlich ist. Sie ist zugleich so unbegreiflich, wie Gott unbegreiflich ist.